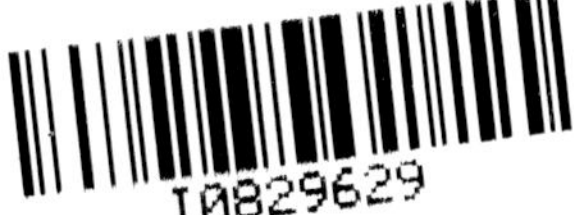
I0829629

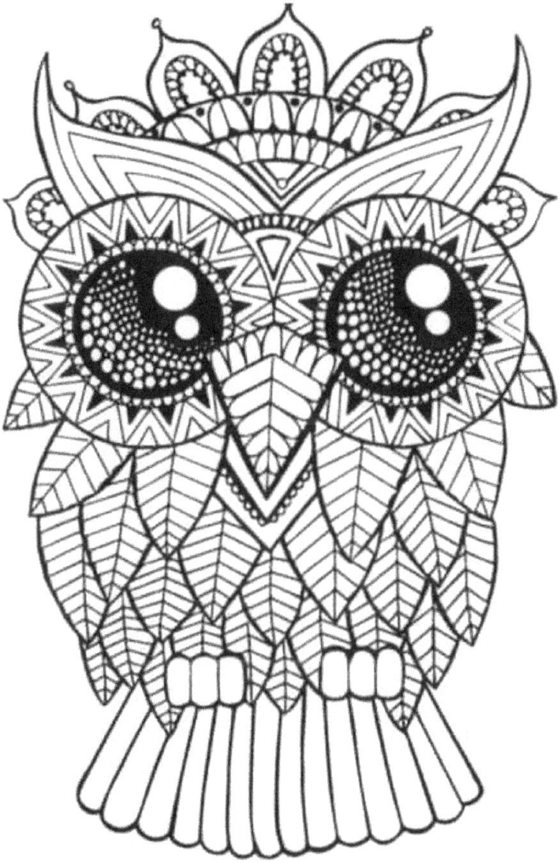

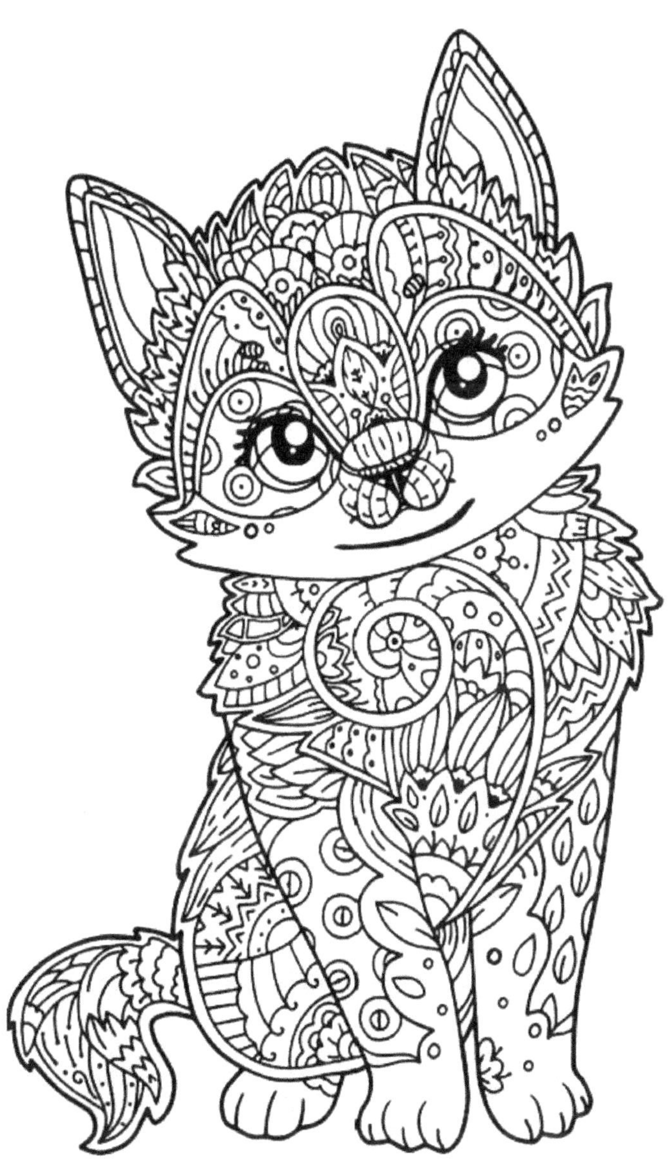

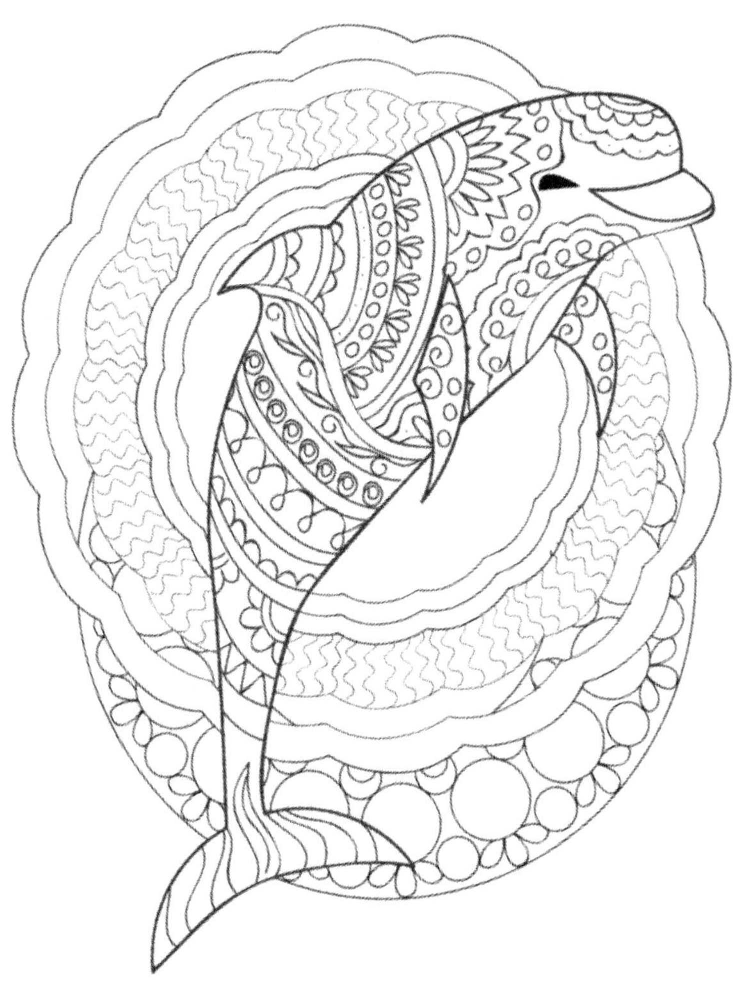

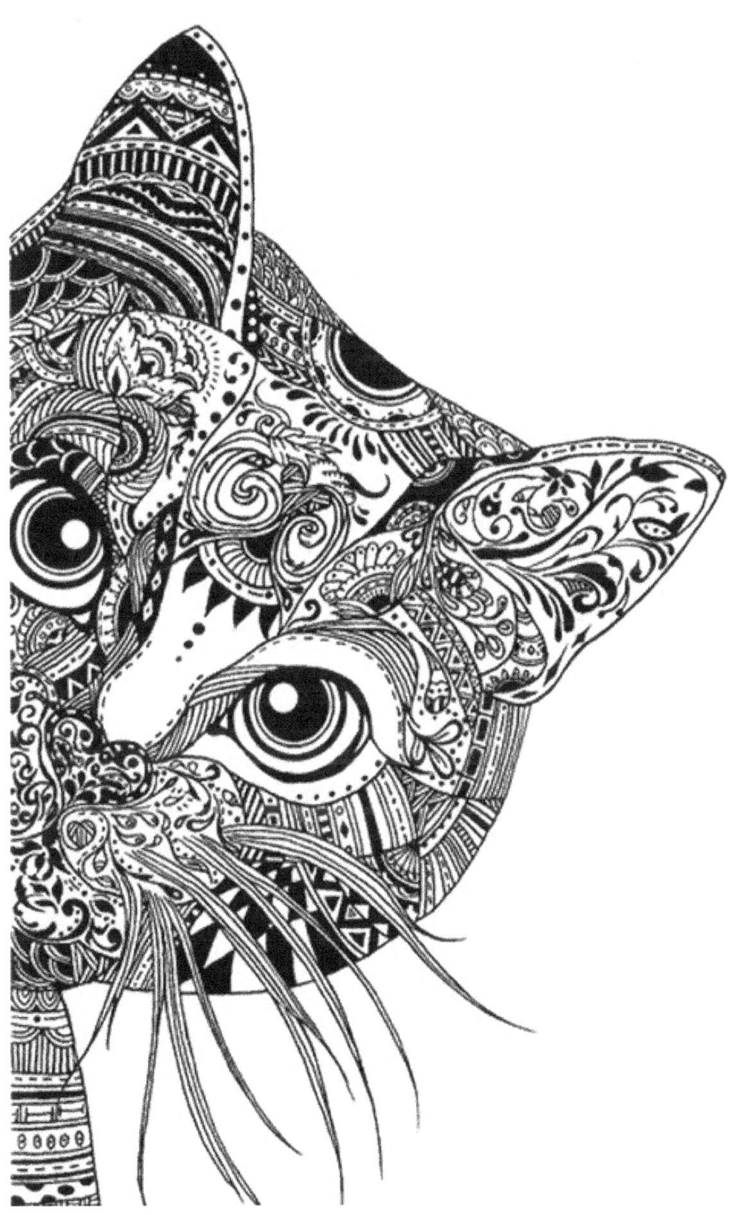

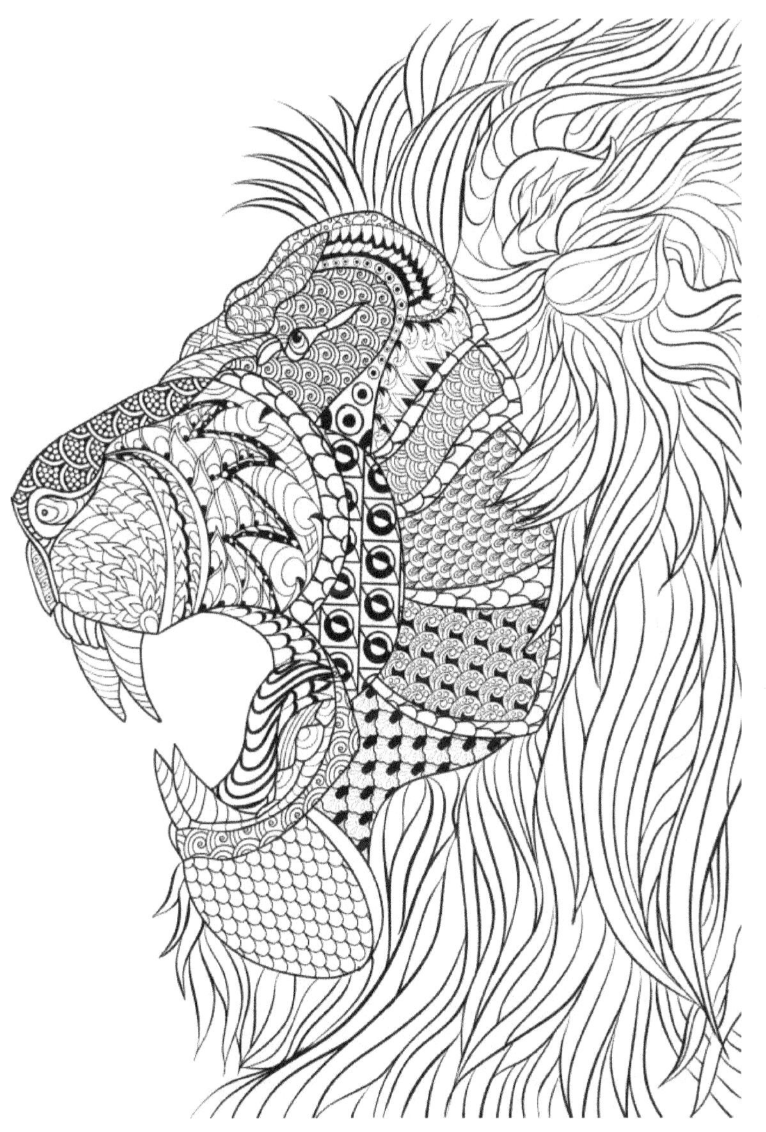

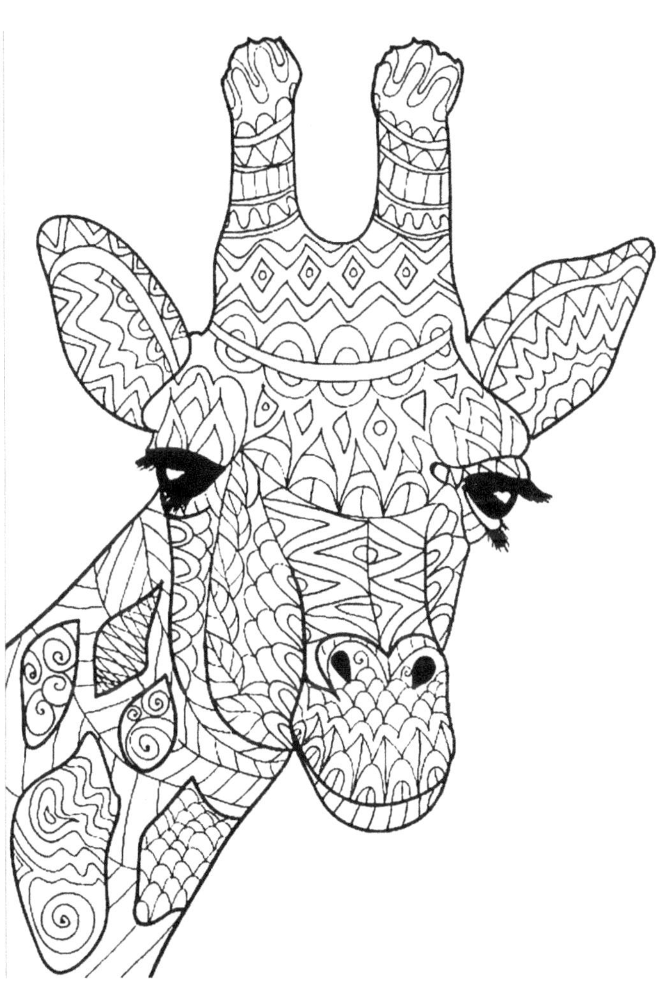

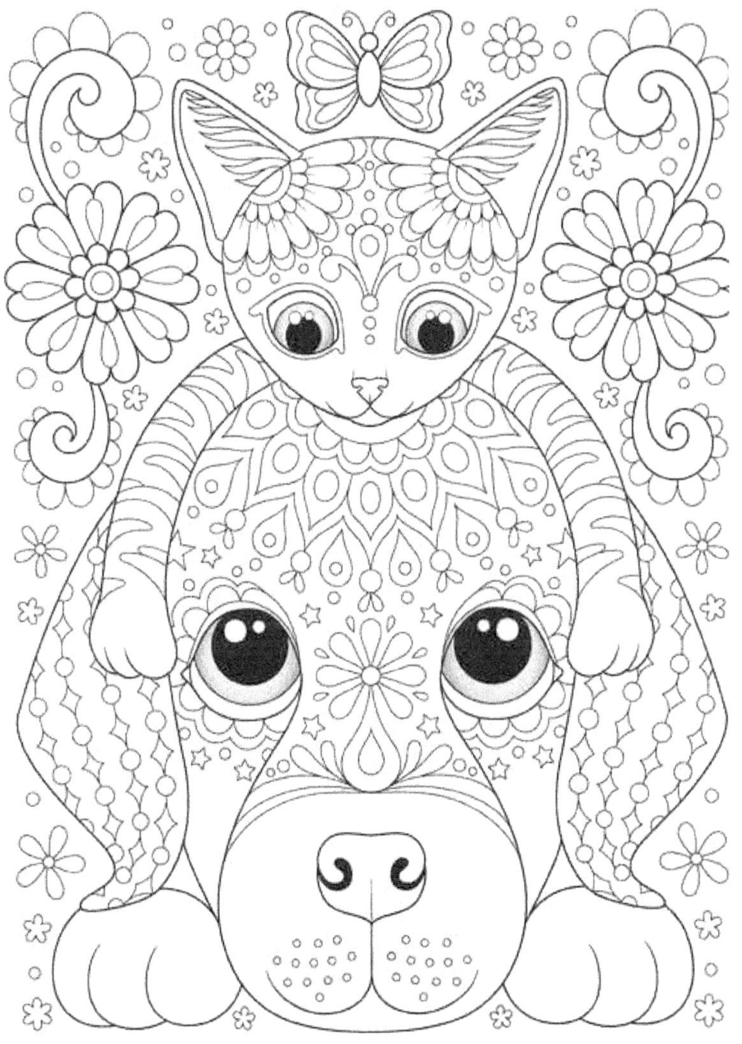

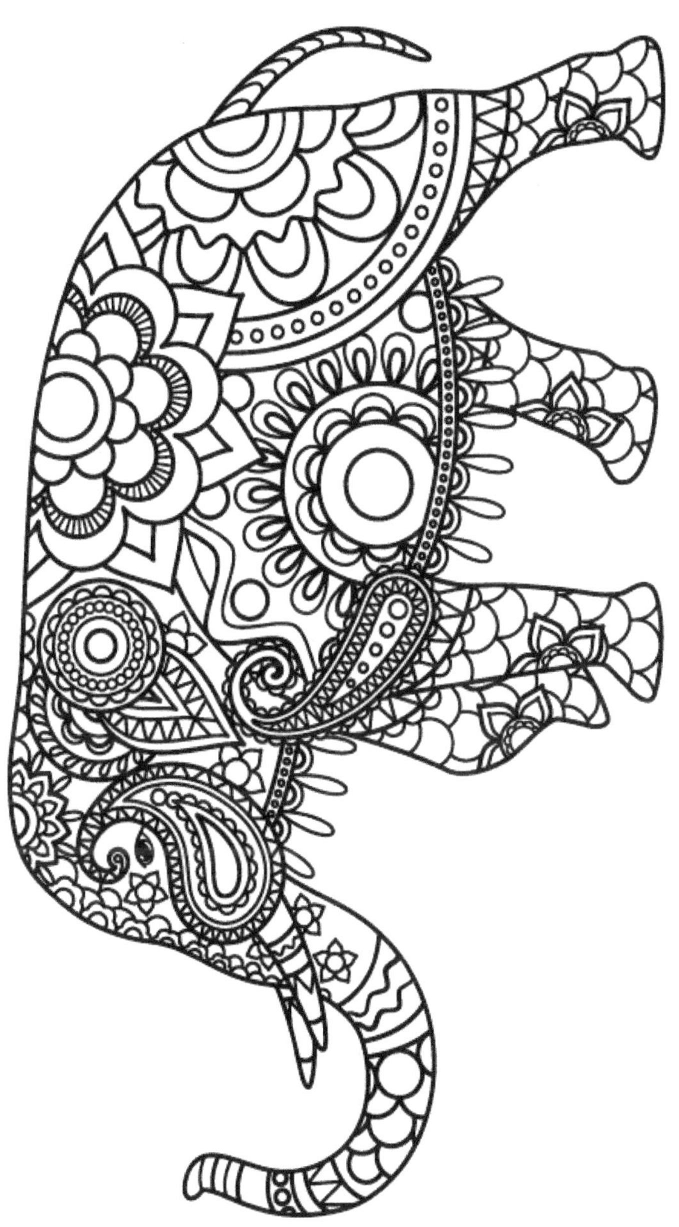

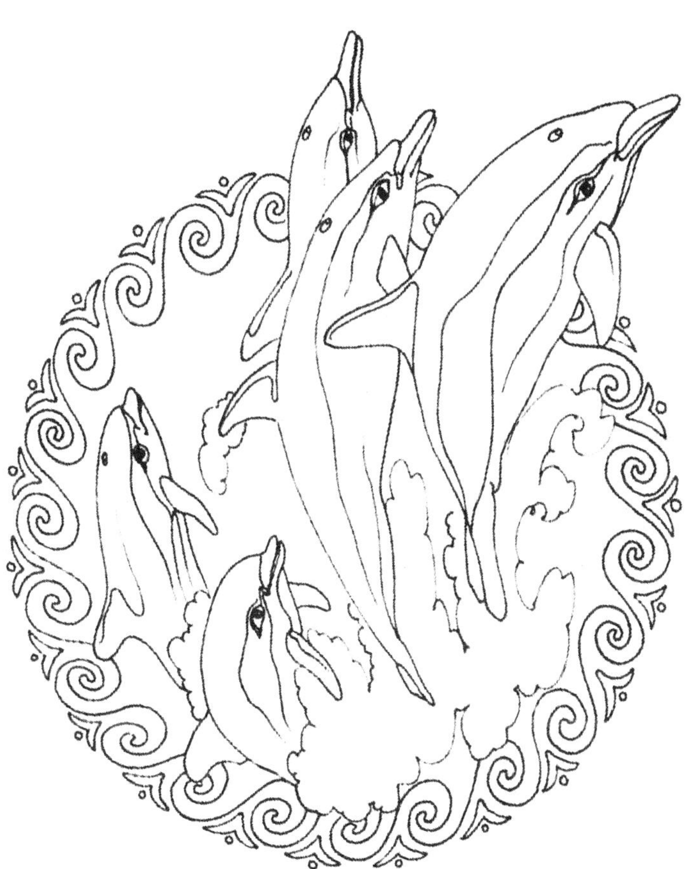

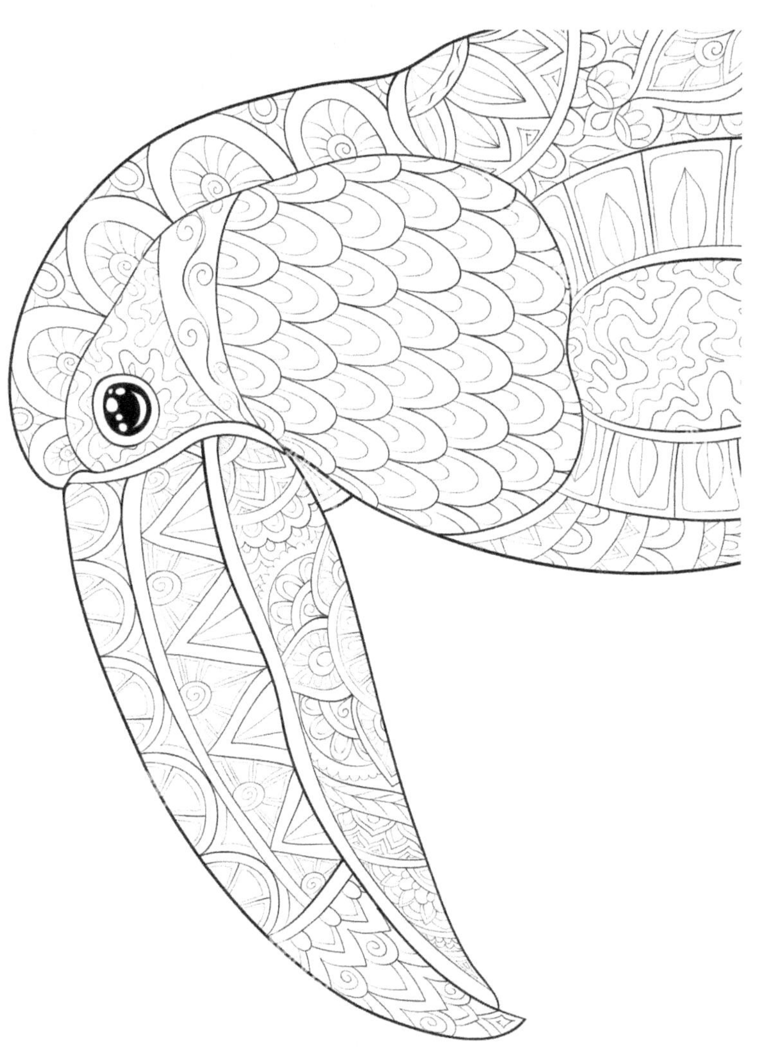

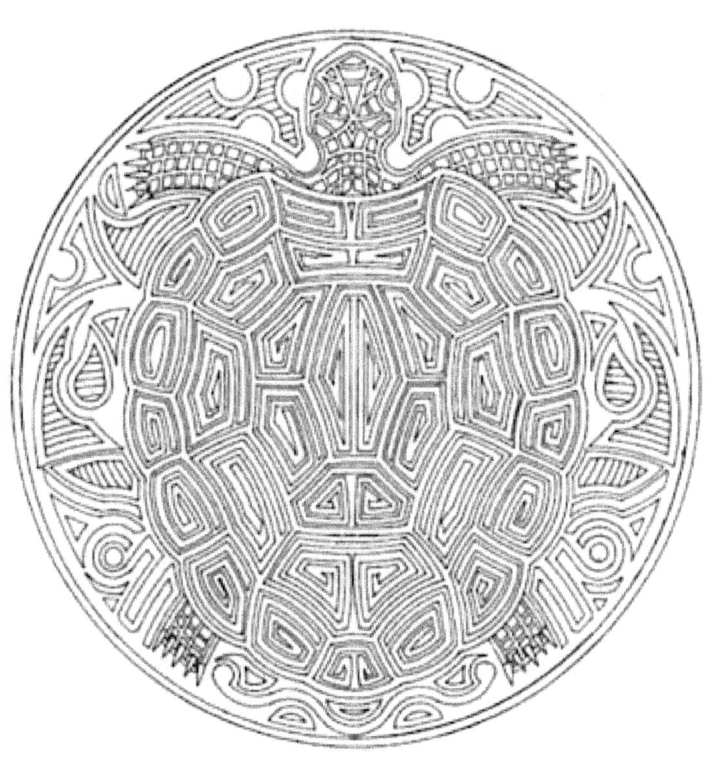

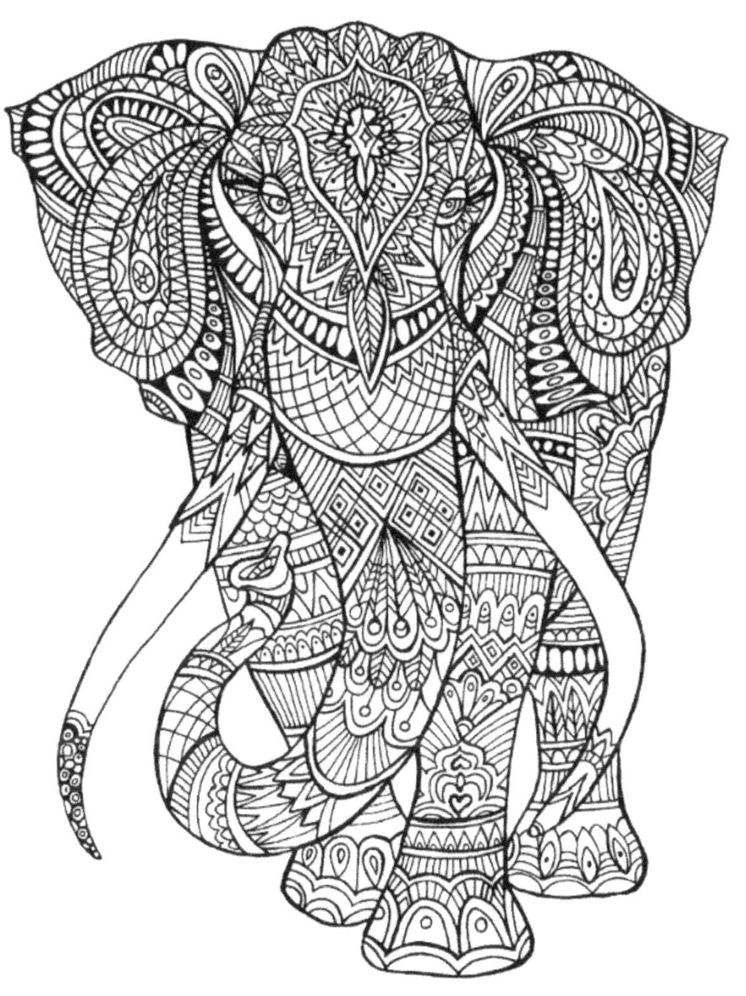

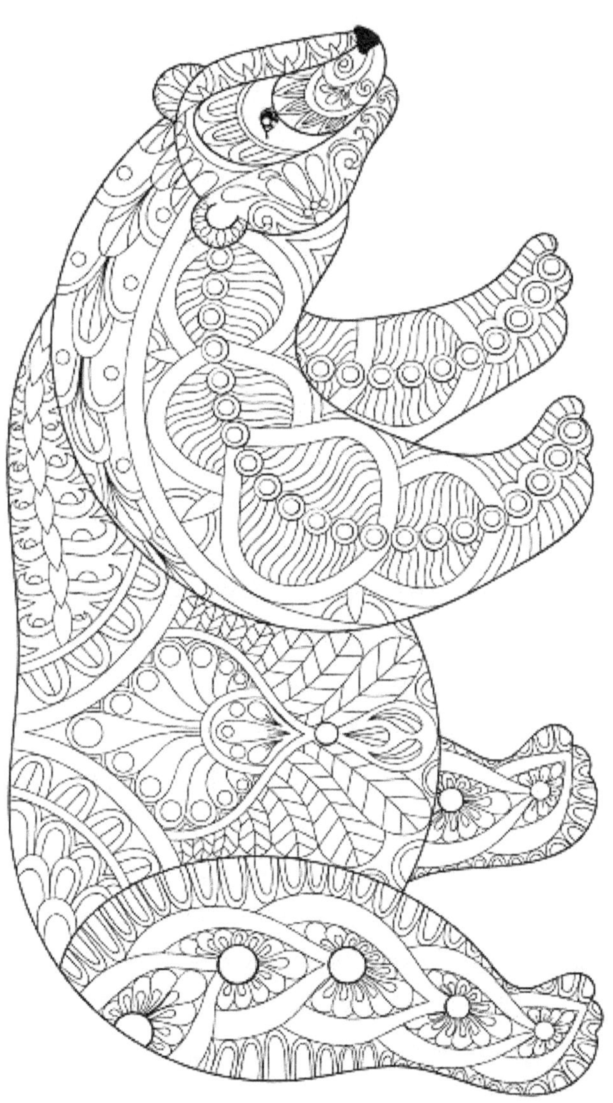

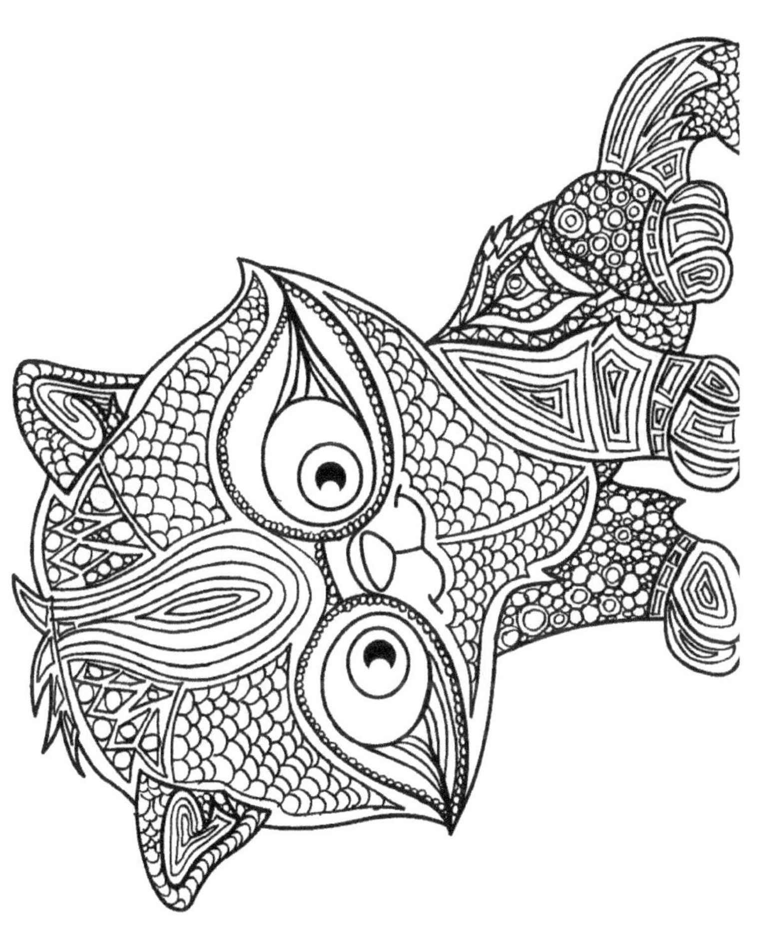

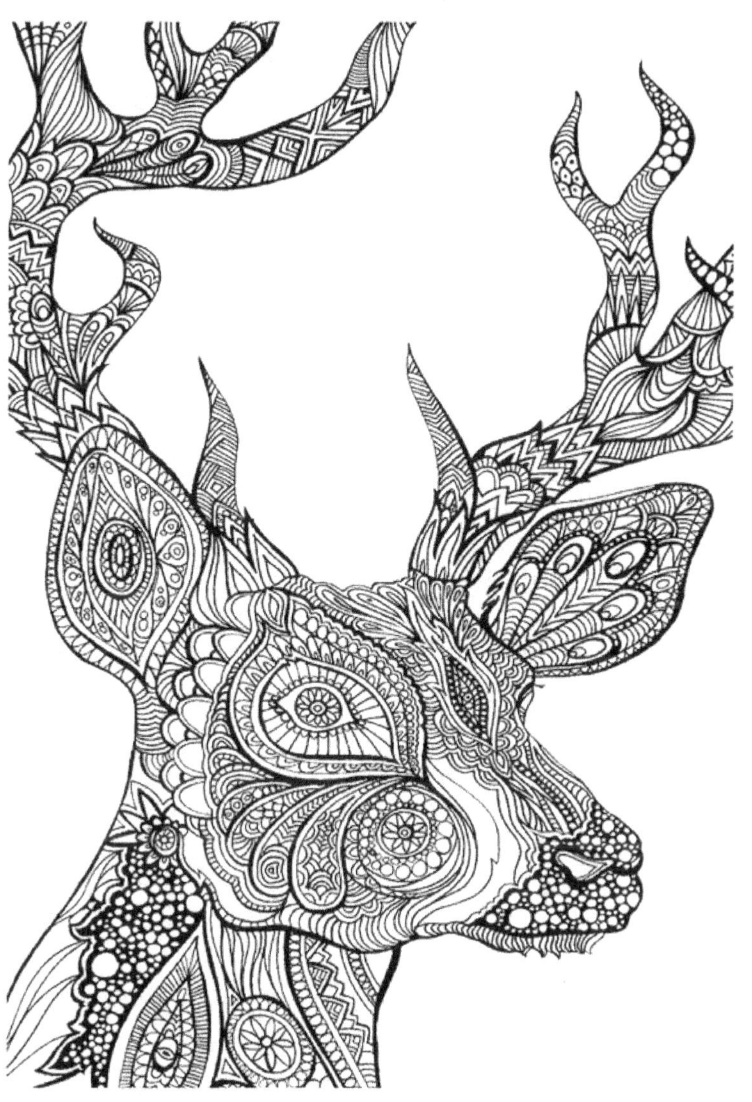

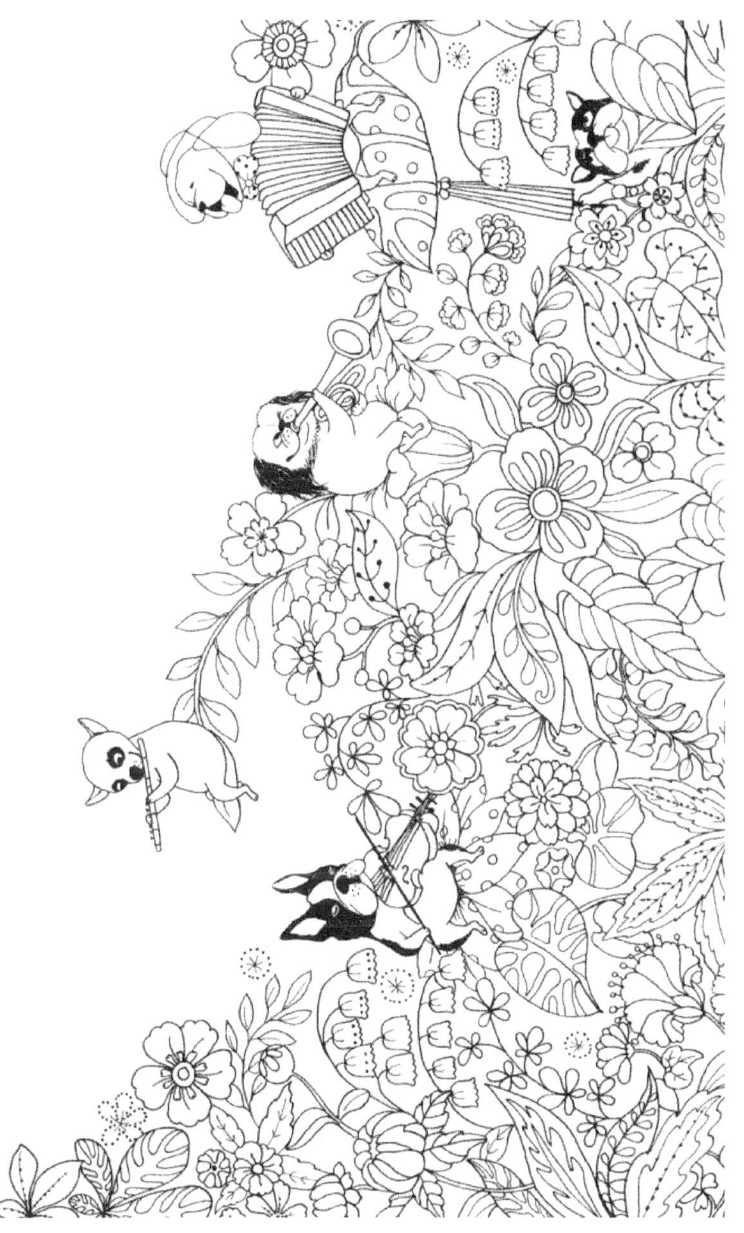

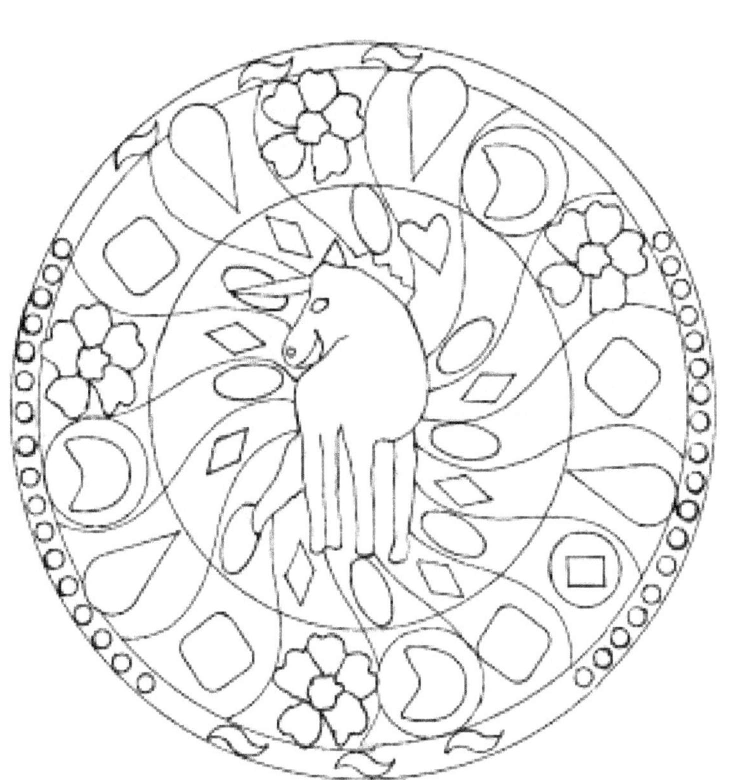

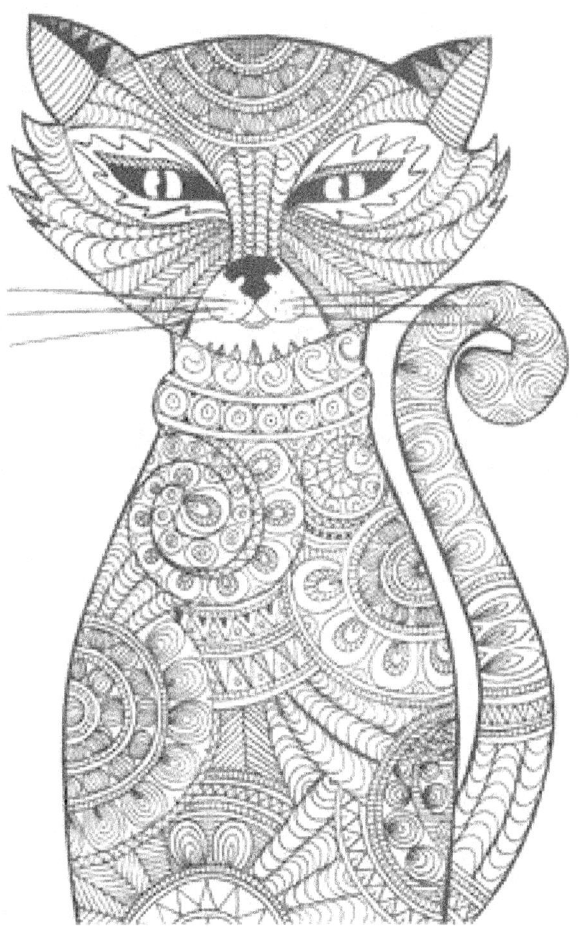

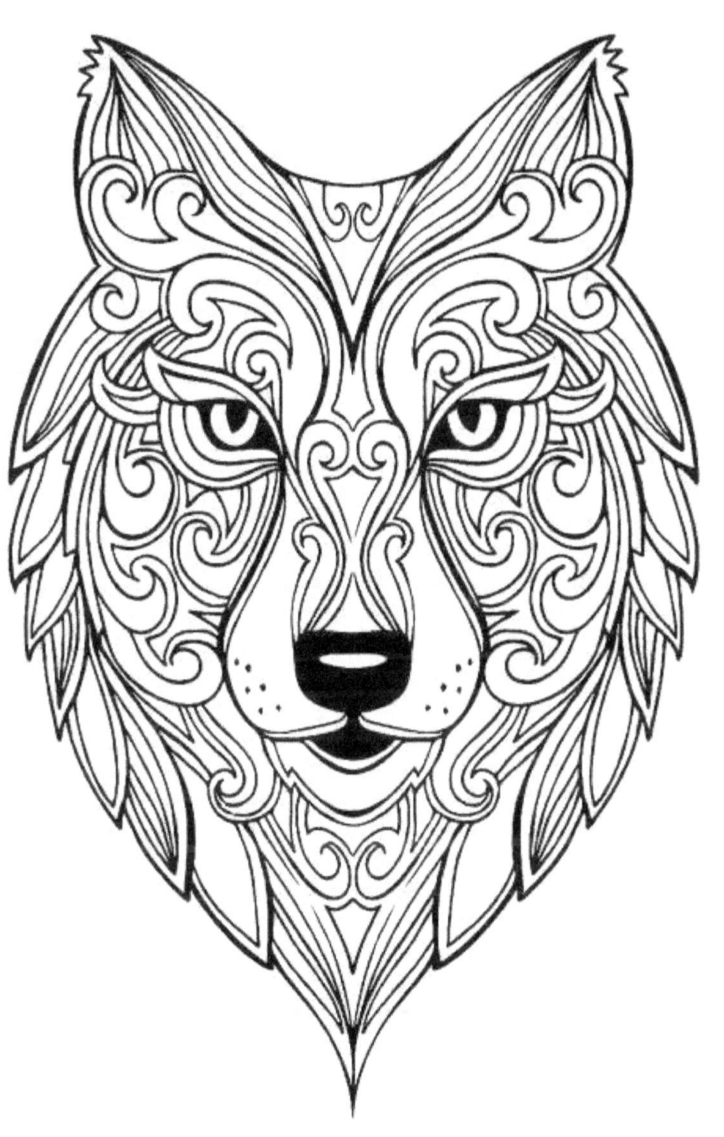

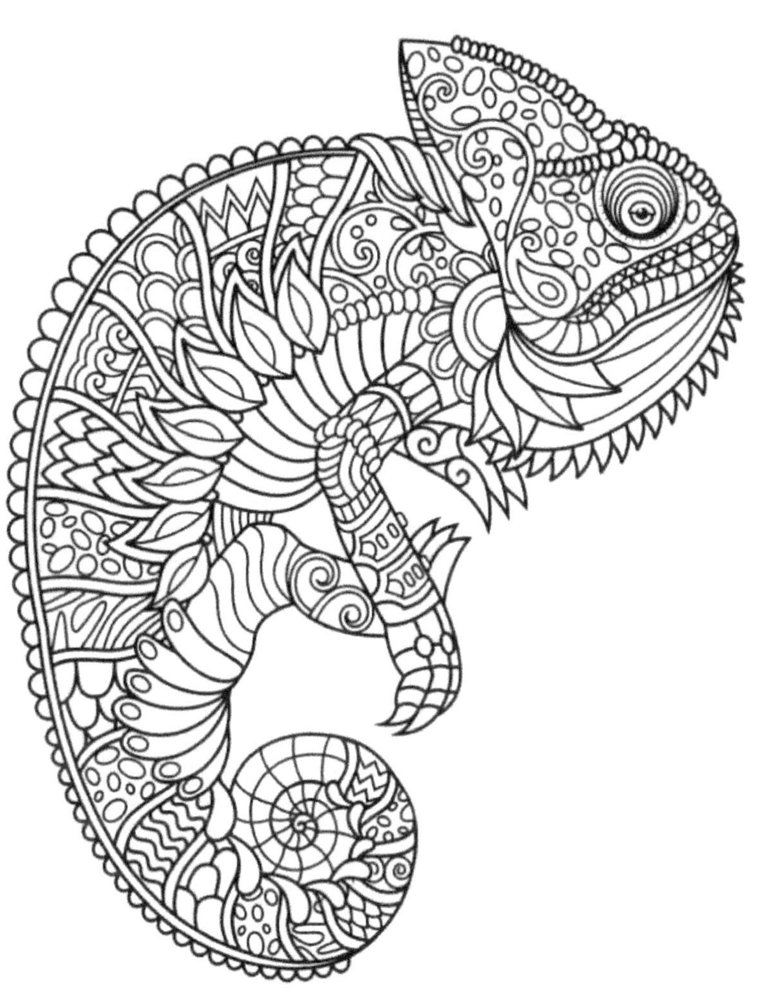